AF227158

ORGANISATION

DU TRAVAIL

DE LA MANUFACTURE D'INSTRUMENTS

DE PESAGE

DE BÉRANGER ET CIE

A LYON

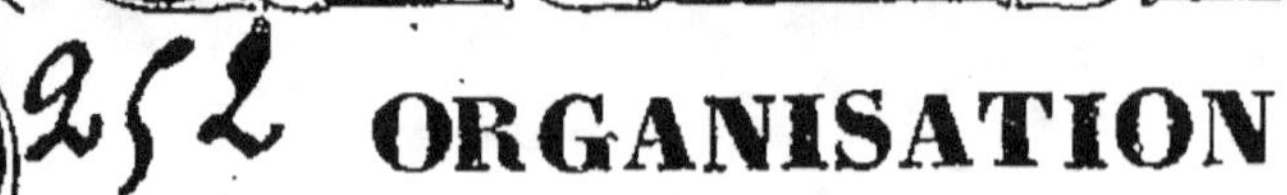

Admission des ouvriers et employés
au partage dans les bénéfices du commerce
et création d'une Caisse
de Prévoyance et de Secours

Les nations sont sœurs
Les peuples sont frères

LIBERTÉ, ÉGALITÉ, FRATERNITÉ

ACTIVITÉ — ÉCONOMIE

LYON

IMPRIMERIE DE J. BRUNET FILS ET FONVILLE
grande rue Sainte-Catherine, 11

1848

ORGANISATION

DU TRAVAIL

DE LA MANUFACTURE D'INSTRUMENTS

DE PESAGE

BÉRANGER ET Cie

A LYON

Admission des ouvriers et employés
au partage dans les bénéfices du commerce
et création d'une Caisse
de Prévoyance et de Secours

Les nations sont sœurs
Les peuples sont frères

LIBERTÉ, ÉGALITÉ, FRATERNITÉ

ACTIVITÉ — ÉCONOMIE

Désirant donner à tout bon citoyen
de leur manufacture des marques
d'intérêt et de fraternité, les sieurs

1848

Béranger et Cie ont pris les dispositions suivantes :

Il sera créé en faveur des employés et ouvriers de l'établissement :

1° Une caisse de prévoyance et de secours.

2° Un partage d'intérêts dans les bénéfices du commerce.

Ces dispositions seront organisées et administrées d'après les clauses réglementaires qui suivent.

RÈGLEMENT

ARTICLE PREMIER.

Les anciens règlements d'ateliers, imprimés pour l'ordre et la direction des travaux, sont et demeurent maintenus.

A compter du 15 avril 1848, il sera créé en faveur des ouvriers et employés de l'établissement :

1° *Une Caisse de prévoyance et de secours.*

2° *Un partage d'intérêt dans les bénéfices du commerce.*

ART. 2.

Tout ouvrier ou employé occupé dans l'établissement, est soumis aux règlements intérieurs de la manufacture, par le fait seul de son admission; il prend part du jour de son entrée aux avantages et aux charges de la Caisse de prévoyance et de secours.

Tous ceux admis depuis une année révolue dans l'établissement, auront droit au partage des bénéfices du commerce, mais ces bénéfices ne compteront que de l'inventaire qui suivra cette année révolue.

ART. 3.

Tout ouvrier ou employé quittant l'établissement, soit volontairement, soit pour toute autre cause, cesse, du jour de sa sortie, d'avoir part aux avantages et aux charges de la Caisse de prévoyance et de secours.

S'il était intéressé, ses bénéfices cesseront à la date du dernier inventaire.

Les dividendes des bénéfices existant à son avoir, ainsi que les comptes d'intérêts à 6 p. 0/0 l'an, lui seront comptés si le départ a lieu par la volonté des chefs et sans motifs de plaintes; dans le cas contraire, les sommes ne seront exigibles par lui, que six mois après la sortie, sous la réserve néanmoins du second paragraphe de l'article 17.

Dotation de la Caisse de prévoyance et emploi des fonds.

ART. 4.

La dotation de la Caisse de prévoyance et de secours se composera:

1° D'une somme versée chaque année par MM. Béranger et Cie et par les intéressés de l'établissement.

2° D'un prélèvement de 2 0/0 sur le salaire mensuel de chacun, sans toutefois que le montant de ce prélèvement puisse dépasser trois francs par mois.

3º Du produit des amendes pour infractions à la discipline des ateliers, mais non de celles qui seraient appliquées en compensation d'un dommage matériel causé à la manufacture.

Art. 5.

L'institution de la Caisse de prévoyance et de secours a principalement pour but de soigner les ouvriers malades ou blessés à l'occasion de leurs travaux dans la manufacture, et de soulager les besoins les plus pressants de leurs familles, pendant tout le temps de leur maladie et de leur convalescence.

En conséquence, les fonds seront employés :

1º A payer un abonnement fixe à un médecin-chirurgien.

2º A payer les médicaments, linge de pansement et appareils d'ambulance.

3º A payer les aliments nécessaires et les frais imprévus et indispensables.

4° A payer les frais d'inhumation des associés décédés.

5° A accorder des secours à la veuve et aux enfants incapables de gagner leur vie par leur travail.

6° Enfin les fonds qui n'auraient pas d'emplois immédiats, seront déposés à la Caisse d'Épargne de Lyon.

Art. 6.

Les secours ne pourront être réclamés et accordés que sur un billet du président, constatant que le réclamant est bien employé dans l'établissement.

Les secours seront toujours donnés en nature, jamais en argent, si ce n'est dans des cas tout-à-fait exceptionnels. Le Conseil dont il va être fait mention en sera seul juge.

Tout ouvrier ou employé qui entrerait dans la manufacture avec une maladie chronique, sans l'avoir déclarée, serait obligé de la faire soigner à ses frais.

ADMINISTRATION.

ART. 7.

Le Conseil d'administration sera composé de sept membres, savoir :

Du Gérant de la ma-
nufacture . . . . *Président.*

De l'Associé. . . *Vice-Président.*

Du premier inté-
ressé. . . . . . *Conseiller.*

De trois délégués
d'ateliers . . . . . *Conseillers.*

SUPPLÉANTS.

Un surveil-
lant d'ateliers
Un chef d'a-
telier.
} *Conseillers suppléants.*

Du comptable, *Secrétaire et Caissier.*

ART. 8.

Le Conseil se réunira au moins une fois par mois.

Pour être valablement constitué, il devra être composé de cinq membres au moins, parmi lesquels devra se trouver le président ou le vice président.

Art. 9.

Les délibérations seront prises à la majorité des suffrages ; en cas de partage, la voix du Président l'emportera.

Toutes les délibérations devront être enregistrées sur un livre *ad hoc* et signées de tous les membres présents à la délibération.

Art. 10.

Les attributions du Conseil consisteront :

1° A faire choix du médecin-chirurgien et à fixer ses honoraires.

2° A faire choix des fournisseurs de l'association, pharmacien, boulanger, boucher, etc.

3° à prononcer sur l'opportunité des demandes en exécution des divers paragraphes de l'article 5 réservés à ses délibérations.

4° A délibérer sur la solution des questions qui n'auraient pas été prévues par le présent règlement ou qui n'auraient pas été définies d'une manière assez précise pour écarter toute difficulté dans l'application.

5° A délibérer sur les modifications qu'il pourrait ultérieurement paraître convenable d'apporter audit règlement.

6° A vérifier et approuver les comptes présentés par le caissier.

7° A établir le dividende revenant à chacun des intéressés dans les bénéfices du commerce, en conformité des art. 1, 2, 3, 13, 14, 16 et 17.

8° Le conseil d'administration sera seul juge compétant pour délibérer, sans appel, sur toutes les dispositions relatives aux présentes.

ART. 11.

Une fois par an le conseil présentera, par l'organe de son président, aux ouvriers réunis en assemblée générale, un compte moral et pécuniaire, et résumera les opérations de l'année écoulée en s'attachant à en faire ressortir d'utiles leçons pour l'avenir.

Art. 12.

Le président, le vice-président et le conseiller intéressé seront seuls membres honoraires de la caisse de prévoyance. Les autres membres du bureau seront admis avec les ouvriers à participer à ses avantages.

Art. 13.

Fonctions du Président et vice-président.

Les fonctions du président consisteront à donner les ordres et instructions nécessaires pour l'exécution du présent règlement et la marche régulière et économique de toutes les parties du service.

Il nommera les délégués et suppléants composant le conseil d'administration ; il fera connaître chaque année et d'avance, au conseil, la part des bénéfices qu'il se propose de céder en partage à la communauté.

Le vice-président remplace celui-ci en cas d'absence ou d'empêchement ; sa mission est la même pour tous les détails du service.

ART. 14.

Du Secrétaire et du Caissier.

Les fonctions du secrétaire et caissier consisteront à faire les recettes et paiements des comptes ordonnancés, à tenir écriture des opérations de la caisse de prévoyance, dresser les procès-verbaux des délibérations du conseil.

Il tiendra également les comptes de chaque ouvrier et employé pour la répartition des dividendes dans les bénéfices du commerce.

En dédommagement de ses soins la caisse lui allouera un traitement fixe payable par mois et proportionné à l'importance de son travail.

Le chiffre de ce traitement sera fixé

par délibération du conseil d'administration; le caissier ne pourra point
assister à cette délibération.

Art. 15.

Du Médecin-Chirurgien.

Le médecin rétribué par la caisse
doit ses soins à tous les ouvriers et
employés de l'établissement.

Il fait délivrer sur ordonnance, aux
malades et blessés, les médicaments et
aliments qu'il juge être nécessaires à
leur état.

Toutefois il n'agit que sur [la pré-
sentation du certificat mentionné au
premier paragraphe de l'art. 6; une
fois par mois il adresse au président
un rapport sur la marche de santé de
la société.

Art. 16.

Du partage d'intérêts dans les bénéfices du commerce.

La part de chaque intéressé appelé

à jouir de cette faveur, en conformité du second paragraphe de l'art. 2, sera basée, pour le partage, à l'importance des services qu'il a rendus à l'établissement, c'est-à-dire en concordance avec le compte des sommes gagnées par son travail dans le cours de l'année.

Les comptes de chacun seront dressés par le secrétaire et visés par le conseil d'administration, et jamais, sous aucun prétexte, les livres du commerce ne pourront être déplacés ou exhibés.

ART. 17.

Du prélèvement des intérêts du commerce.

A chaque inventaire l'avoir de chacun sera capitalisé et la maison en servira l'intérêt à 6 % l'an.

Il sera facultatif à chaque intéressé de retirer, à la clôture de chaque inventaire où dans le cas prévu par le 5e paragraphe de l'art. 3, moitié de la part des bénéfices qui figureront à son compte ; l'autre moitié devra, dans tous les cas, rester à l'établissement d'une année à l'autre pour garantir les profits et pertes de la liquidation du dernier inventaire.

Art. 18.

Cas de nullité du partage.

S'il advenait qu'un inventaire, au lieu d'offrir des bénéfices, offrît des pertes, la participation dans le partage serait dissoute de droit; aucun dividende alors n'aurait lieu, et les chefs seuls supporteraient les pertes commerciales; la liquidation paierait intégralement les sommes dues antérieurement à chaque ouvrier ou employé.

Art. 19.

De la liquidation de la Caisse de prévoyance et de secours.

La caisse de prévoyance ne sera liquidée que dans un seul cas : celui où la manufacture viendrait elle-même à se liquider. Ce cas arrivant le conseil d'administration réalisera toutes les valeurs appartenant à la caisse, et après avoir soldé tout les engagements pris, partagera le reste entre tous les ayant droit occupés dans l'établissement au jour de la liquidation.

Fait à Lyon, le 5 avril 1848.

BÉRANGER et Cᵉ.